Lapuss'

PUTAIN DE CHAT

Kennes

MERCI À TOUS CES PUTAINS DE CHATS QUI ONT CROISÉ MA ROUTE DEPUIS TOUJOURS DE M'AVOIR GRATIFIÉ DE LEUR DÉDAIN ET DE LEUR INDIFFÉRENCE, ET À PLUSIEURS OCCASIONS, DE CE QUI RESSEMBLAIT À S'Y MÉPRENDRE À DE L'AMOUR.

LAPUSS'

Illustration de couverture : Tartuff

Rue de la Blanche Borne 15
6280 Gerpinnes (Loverval) – Belgique
www.kenneseditions.com

Dépôt légal : novembre 2019 | D/2019/13.105/153 | R2/2020
ISBN 978-2-3807-5000-3 | NUART 26-6844-1

Impression : Lesaffre – Belgique

NAAAAN ! Z'VEUX PAS ! Z'VEUX PAS !
EH OUI ! C'EST NORMAL, C'EST LA RENTRÉE DES CLASSES, PERSONNE NE VEUT !

TU TE RENDS COMPTE QUE LES HUMAINS FORCENT LEURS PETITS À APPRENDRE DES TRUCS PENDANT PLUS DE 15 ANS ?

15 ANS ? MAIS DU COUP, COMMENT ÇA SE FAIT QUE LES HUMAINS ADULTES SOIENT AUSSI CONS ?
MYSTÈRE...

ALLEZ, DÉGAGE DU TAPIS, JE DOIS PASSER L'ASPIRATEUR !
JE SAIS PAS CE QUE C'EST ET JE M'EN COGNE !
TANT PIS POUR TOI !
FUUU UUU UU
PUTAIN ! QU'EST-CE QUE C'EST QUE CE TRUC ?!

BONJOUR, JE M'APPELLE MOUSTIQUE ET JE PENSE QUE J'AI LA PHOBIE DES ASPIRATEURS !
PARLE SANS CRAINTE, MOUSTIQUE, ON EST TOUS DANS LE MÊME CAS, ICI, ON NE TE JUGERA PAS !
BONJOUR MOUSTIQUE !
BIENVENUE MOUSTIQUE !

MOUSTIQUE, EST-CE QUE TU PEUX DESCENDRE DU CANAPÉ, QUE MON AMI PUISSE S'ASSEOIR ?!

TU M'OBÉIS DU PREMIER COUP ? QU'EST-CE QUI TE PREND ?
JE SUIS PAS FOU... SI CE MEC S'ASSOIT SUR MOI, JE SUIS BON POUR UN STAGE EN SPÉLÉOLOGIE ANALE...

MON NEVEU VIENT DE M'APPELER ! C'EST BON, IL A ENFIN SON BAC !
TROP FIER DE LUI !

C'EST BON, MOI AUSSI J'AI UN BAC…
… ET J'AI PAS MIS 17 ANS À APPRENDRE À FAIRE CACA DEDANS…
GRATT' GRATT'

GRRRR !
SEXY !

OOOOH !
AAAAAH !
IIIIIH !
MEROOOW !

SA MEUF SE DÉGUISE EN MOI POUR BAISER AVEC LUI…
JE SUIS LE SEUL À TROUVER ÇA GLAUQUE ?
JE VOMIS DANS MA BOUCHE EN CE MOMENT…

PFFFF ! C'EST ENCORE JOYEUX LE JOURNAL CE MATIN, TIENS…
GUERRES, ATTENTATS, VIOLENCE…
PARFOIS JE ME DEMANDE SI LA RACE HUMAINE NE DEVRAIT PAS DISPARAÎTRE…
IL S'EST RALLIÉ À NOTRE CAUSE, JE TE DIS !
SI ON LUI APPREND À MIAULER DANS LE VIDE ET À SE LÉCHER LES COUILLES, ON PEUT EN FAIRE UN BON CHAT !

J'ADORE LES PETITS CLÉBARDS ! TELLEMENT FACILES À SEMER !

ET ILS NE GRIMPENT PAS AUX GRILLES !

C'EST ÇA, BARRE-TOI ! FILS DE LÂCHE !
ATTENTION CHIENS MÉCHANTS
CHENIL BOUYSSE

TIENS, UNE NOUVELLE MERDE SUR LA CHEMINÉE...
OOPS ! LA PORCELAINE DE MÉMÉ...
OOPS ! LE COQUILLAGE DE TÉNÉRIFFE...
OOPS ! LA COUPE DE VICTOIRE DE QUE DALLE...
MES BIBELOTS !!
PARFOIS J'AI L'IMPRESSION QUE TU LE FAIS EXPRÈS POUR M'EMBÊTER !
IL COMMENCE À COMPRENDRE MES PLANS....
CASSOS FISSA !!

C'EST QUOI CES CROQUETTES PARTOUT ? JE VAIS ENCORE METTRE DES HEURES À TOUT RAMASSER !
C'EST POUR VOUS APPRENDRE À RAMPER, HUMAINS...
... COMME LES PETITES LARVES INFECTES QUE VOUS ÊTES !

♪ "TOUT LE MONDE VEUT DEVENIR UN CAT..." ♫
SA RACE !
HAHAHA ! C'EST QU'UN CONCOMBRE ! IDIOT !
UNE SORTE D'ÉTRON VERDÂTRE DÉGUEULASSE ! J'AURAIS MOUILLÉ MON FROC SI J'EN AVAIS EU UN !
LE MIEN M'A FAIT LA MÊME BLAGUE SAUF QU'IL L'A FILMÉE ET MISE SUR YOUTUBE...
JE HAIS L'HUMANITÉ !

ÇA, C'EST MA CHAISE !
CETTE PLANTE, ELLE EST À MOI !
LE POUF, PAREIL ! TOUT EST À MOI !
FAT
TU TE FROTTES ? TU VEUX UN CALIN ?
NAN ! J'APPOSE MON SCEAU... TON PETIT CUL M'APPARTIENT AUSSI !

TU VIENS PRÈS DE PAPA ? J'AI QUELQUE CHOSE POUR TOI !
ÇA Y EST, LE MEC DÉLIRE, IL SE PREND POUR MON PÈRE…
UNE COUENNE DE JAMBON ? T'ES SÉRIEUX ?!
JE T'AIME PAPA ! T'ES LE MEILLEUR ! CHOMP ! MIOM !
BAH TU VIENS PAS ?
NAN, Y A PLUS DE COUENNE… BARRE-TOI !

OOOOH ! LE ZENTIL SA ! VIENS PITI SA !
C'EST QUOI CE TRUC ?
TU VEUX DES DOUDOUCES ?
VA TE MOUCHER, MORVEUSE !
OH ZE T'AIME MON PITI SA !
GARGLL ! TU M'ÉTOUFFES ! SALETÉ !
SI ON VEUT DOMINER LE MONDE, VA FALLOIR SE DÉPÊCHER ! Y A UNE GÉNÉRATION DE MUTANTS QUI ARRIVE, ÇA VA SE COMPLIQUER !

IL PARAÎT QUE LES HUMAINS SONT CONNECTÉS PAR MILLIERS SUR UN TRUC QUI S'APPELLE "FACEBOOK"...
ILS Y PASSENT DES HEURES AU LIEU DE TRAVAILLER !
SI C'EST VRAI, PLUS DE SALAIRE = PLUS DE CROQUETTES...
ON VA REMÉDIER À ÇA, T'INQUIÈTE !
ARRÊTE DE DORMIR SUR MON CLAVIER !
RETOURNE BOSSER !
BRANLEUR !

TU CROIS QU'ELLE A ÉTÉ PAYÉE POUR CETTE PUBLICITÉ ?
WISCLASSE
NAN !
WISCLASSE
SON HUMAIN PAR CONTRE IL A BIEN DÛ SE GAVER !
ENFOIRÉ !
WISCLASSE
OU ALORS, ELLE A ÉTÉ PAYÉE EN CARESSES ?
OUAIS...
WISCLASSE
GARCE !

POUR UNE PLACE BIEN MOELLEUSE, RIEN DE TEL QUE LA TECHNIQUE DU PALPÉ LACÉRÉ…
SCRITCH ! SCRATCH !
RAAH ! TU BOUSILLES MON FAUTEUIL !
JE BOUSILLE MON FAUTEUIL ! NUANCE !
REMARQUE, T'AVAIS RAISON ! C'EST BIEN PLUS FRAIS PAR TERRE…
Y A QU'UN BOUSEUX POUR S'ASSEOIR DANS UN FAUTEUIL DÉCHIRÉ…

RAAAH ! TOUTE LA NUIT JE T'AI CHERCHÉ !
BIM !
SLAP !
L'HOMME : 1 LE RÈGNE ANIMAL : 0
FAUT QU'ON SE MÉFIE... SI L'HUMAIN A L'IDÉE D'INVENTER UN JOUR UNE TAPETTE GÉANTE, ON VA TOUS Y RESTER...

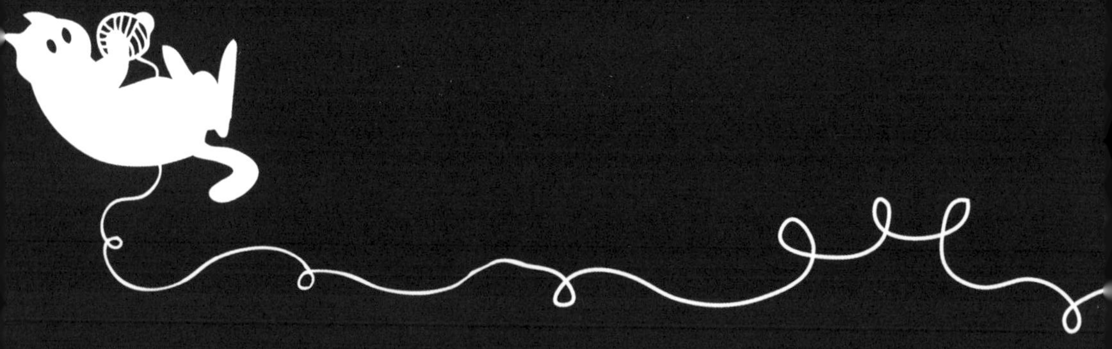

PETS !
PRRT !
BLAM !
VIENS VOIR, MOUSTIQUE !
C'EST MAGNIFIQUE CETTE ANNÉE !
ON EST ALLÉS TROP LOIN AVEC CETTE HISTOIRE DE DOMINATION FÉLINE...
JE ME RENDS ! CES CONS VONT TOUT FAIRE PÉTER !

ROSSIGNOL, ROSSIGNOL… ES-TU PARTI VERS D'AUTRES CIEUX ?
TOI QUI SOUS MA FENÊTRE, CHANTAIS À QUI MIEUX MIEUX ?
ÇA ME DÉCHIRE LE CŒUR, MAIS JE DOIS TE DIRE "ADIEU"…
ROSSIGNOL, ROSSIGNOL, TU ÉTAIS VRAIMENT DÉLICIEUX !
BURP !

COMMENT TU PEUX RESTER ASSIS DES HEURES À FIXER LE VIDE ?! BOUGE UN PEU !
JE MÉDITE, DUCON !

LE MEC REGARDE DES GUGUSSES GOMINÉS EN SHORT JOUER AU BALLON ET ME FAIT LA MORALE...

ALORS, T'AS DU MATOS ?
MOINS FORT ! OUAIS, J'AI CE QU'IL TE FAUT !
J'AI DE LA CHATAIRE, DE LA GERMANDRÉE... MAIS SI TU VEUX DE L'EXOTIQUE, J'AI DU MATATABI JAPONAIS !
BALANCE LE LOT ! CE SOIR C'EST LA GROSSE TEUF !
TOI, TU AS ENCORE TRAÎNÉ DANS DE L'HERBE-AUX-CHATS !! MAIS OÙ VAS-TU TE FOURRER POUR RENTRER DANS UN ÉTAT PAREIL ?
YAH MAN !

REGARDE, J'AI FAIT UNE GALETTE DES ROIS À TON EFFIGIE !
NUL !
C'EST LE MOMENT DE LA GOÛTER !
C'EST ÇA... ET ÉTOUFFE-TOI AVEC !
GLUPS !
KOF ! KOF !
LA F... F... FÈVE !
WO PUTAIN ! ÇA A MARCHÉ !

CONTINUE DE RONRONNER...
... ÇA ME DÉTEND, ÇA ME...
RRZzz
RRRR RRR

TON TRUC DU FEULEMENT DE TIGRE, C'EST DE LA MERDE ! ÇA MARCHE PAS DU TOUT, ÇA L'ENDORT !
C'EST PEUT-ÊTRE UNE QUESTION DE TAILLE ?

NOUS, LES CHATS DE GOUTTIÈRE, ON EST MIEUX LOTIS QUE VOUS, LES CHATS DOMESTIQUES !
CITE-MOI UN SEUL TRUC !
ON EST LIBRES D'ALLER OÙ ON VEUT !
NOUS AUSSI ! FAUT JUSTE GRATTER À LA PORTE !
ON MANGE CE QU'ON VEUT !
NOUS AUSSI ! ET ON NE MANQUE JAMAIS DE RIEN !
J'AI ENCORE MES GRELOTS !
C'EST BON, T'AS GAGNÉ...
PUTAIN DE CHAT DE GOUTTIÈRE...

PILE À L'HEURE !
CROUIC !
SCRATCH !
SCRITCH !
UNE GUERRE ÇA SE GAGNE AUSSI EN GÉRANT DE L'ADMINISTRATIF !
BON COURAGE AVEC TES RAPPELS DE FACTURES, BLAIREAU !

100 MÈTRES !
SAUT EN HAUTEUR !
LUTTE !
FSHH !
FSHHH !
C'EST SÛR QUE POUR L'HUMAIN DE BASE, LES JEUX OLYMPIQUES C'EST PLUS INTENSE DANS LE CANAPÉ...
GROS PORC...

MOUSTIQUE ! RENTRE !
TU VOIS PAS QU'IL PLEUT ? C'EST COMME DE LA KRYPTONITE POUR NOUS !
ALLEZ... À TROIS EN FERMANT LES YEUX...
UN... DEUX... TROIS !
TSAAAA ! SA RACE !!
SWIP ! SWIP ! SWIP ! SWIP ! SWIP !
POURQUOI T'AS PAS ATTENDU QUE J'OUVRE LA BAIE VITRÉE ?
VA MOURIR !

C'EST LA JOURNÉE INTERNATIONALE DU CHAT, AUJOURD'HUI !
BONNE JOURNÉE MON PETIT MATOU !

ABRUTI ! C'EST TOUS LES JOURS NOTRE JOURNÉE…
C'EST UNE JOURNÉE DE L'HUMAIN QUE VOUS DEVRIEZ INVENTER…

HAHAHA ! TU DÉBARQUES DE TON CHALUTIER ?!
MARRE-TOI !
C'EST CARNAVAL ET MA MAÎTRESSE A TROUVÉ ÇA SUR INTERNET...
PROFITE BIEN, T'ES PEUT-ÊTRE LE PROCHAIN !
DIS DONC ! T'ES BIEN SAGE, AUJOURD'HUI !
JE ME TIENS À CARREAU POUR LE MOMENT MAIS T'ENFLAMME PAS, APRÈS LE CARNAVAL JE REPRENDS MES HABITUDES !

TU SAVAIS QUE LES HUMAINS ONT UN JEU DÉBILE QUI S'APPELLE "CHAT" ? ILS SE COURENT APRÈS ET DOIVENT SE TOUCHER…
ILS ONT MÊME INVENTÉ UNE VARIANTE, LE "CHAT-BITE". EN GROS ILS SE PELOTENT LE ZGEG LES UNS LES AUTRES…
CETTE DÉCADENCE…
TU M'EXCUSES UNE MINUTE ?
SLURP !
T'ES CONSCIENT QUE SI ON VEUT SURCLASSER UN JOUR LES HUMAINS, VA FALLOIR ARRÊTER CETTE MANIE DE SE LÉCHER LES BURNES EN PERMANENCE ?

Z
Z
TOUTE UNE JOURNÉE À DORMIR... TU VAS FAIRE QUOI CETTE NUIT ?
Z
HÉ ! J'AI PAS SOMMEIL ! DIVERTIS-MOI, HUMAIN ! FAIS-MOI RIRE, HÉ ! OCCUPE-TOI DE MOI !

ÉVIDEMMENT QUE LA TERRE EST NOTRE HÉRITAGE, CROQUETTE !

TU CONNAIS UNE RACE PLUS NOBLE, PLUS GRACIEUSE, PLUS MÉRITANTE QUE LA RACE FÉLINE ?
TU NE VEUX PAS LE MEILLEUR POUR NOUS, QU'ON SOIT AU FIRMAMENT DE CE QUI SE FAIT DE MIEUX ?

WOOOH ! JACKPOT !
Y A DES TÊTES DE POISSONS LÀ-DEDANS, T'EN VEUX UNE ?
TU ME FATIGUES, CROQUETTE...

LA MIENNE A BOUFFÉ MES FRÈRES PUIS S'EST BARRÉE DANS LA POUBELLE D'UN RESTO CHINOIS...
LA MIENNE A COUCHÉ AVEC TOUS LES CHATS DU QUARTIER ET M'A PONDU DANS UN TIROIR...

SI TU RÉFLÉCHIS BIEN, CE QUI SE RAPPROCHE LE PLUS D'UNE MÈRE POUR NOUS, CE SONT NOS HUMAINS...
DUR !

BON, JE T'AUTORISE À ÊTRE MA MAMAN POUR CE DIMANCHE UNIQUEMENT...
... MAIS DÈS DEMAIN ON REPREND NOS HABITUDES ET JE TE DÉFONCE !

FILS DE LÂCHE !
PINE D'HUÎTRE !
MAMMIFÈRE RATÉ !
CHIURE D'OTARIE !
PRÉPUCE CHAUVE !
FURONCLE À DEUX PATTES !
"MIAOU !"
"MIAOU !"
"MIAOU !"
MAIS QU'EST-CE QUE TU VEUX À LA FIN ?!
ATTENDS, Y A UN TRUC BIZARRE… JE L'INSULTE TOUTE LA JOURNÉE ET TOUT CE QU'IL ENTEND C'EST "MIAOU"…
T'AS PEUT-ÊTRE UN PROBLÈME D'ÉLOCUTION… T'AS PENSÉ À VOIR UN ORTHOPHONISTE ?

C'EST QUOI CETTE LITIÈRE DÉGUEULASSE ? TU ME PRENDS POUR UN RAT D'ÉGOUT ?
DÉSOLÉ, JE N'AI PAS EU LE TEMPS DE LA NETTOYER, JE FAIS ÇA TOUT DE SUITE !
T'EMMERDE PAS, JE VAIS UTILISER LA TIENNE !
MOUSTIQUE !!

À CHAQUE FOIS QUE J'ARRIVE DANS L'ESCALIER, LA LUMIÈRE S'ÉTEINT !
CLIC !
ATTENDS, MAIS C'EST DINGUE !
C'EST UN COUP À SE TUER, ÇA !
BLACKOUT !

CREVER LES YEUX DE TON HUMAIN AVEC MON BEC ? T'ES UN GRAND MALADE, TOI !
DU SAUMON ?
ET SI JE DOUBLE LE NOMBRE DE POISSONS ?

C'EST LE LUNDI DE PENTECÔTE, UN WEEK-END DE TROIS JOURS QUE ÇA S'APPELLE...
ENCORE UNE BELLE OCCASION DE NE RIEN FOUTRE POUR LES HUMAINS...
PAS LE MIEN, IL A DU BOULOT AUJOURD'HUI...
JE M'EN SUIS ASSURÉ...

RAAH, TOUS CES POILS !
CES FOUTUS POILS !

CHALUT MOUSTIQUE ! HAHA... JE SUIS RENTRÉ ! -HIPS-
LA VACHE... T'ES ENCORE PLUS LAID QUAND T'ES BOURRÉ...
JE SAIS QUE TU ES LE DIABLE ET QUE TU VEUX MA MORT !
MAIS JE VAIS PAS ME LAISSER FAIRE !
EN TOUT CAS -HIPS- JE T'AI À L'ŒIL !
L'ALCOOL TE REND PLUS LUCIDE ON DIRAIT !
HEUREUSEMENT, T'ES TROP DÉBILE POUR T'EN RAPPELER LE LENDEMAIN...

REGARDE, UN MAGAZINE PEOPLE HUMAIN !
Y A DU NIBARD ET DE LA CUISSE À TOUTES LES PAGES… QUELLE ESPÈCE DÉCADENTE !
TU NOUS IMAGINES PUBLIER UN MAGAZINE PEOPLE POUR CHATS ?
FION magazine
PLONGE DANS LE DERRIÈRE DES CÉLÉBRITÉS !
FION magazine
INÉDIT ! LE TROU DE BALLE DE FÉLINE DION !
POSTER INCLUS !
OUAIS, OUBLIE ÇA ! INVENDABLE !

MERDE, MOUSTACHE ! QU'EST-CE QUI T'EST ARRIVÉ ?
T'ES PASSÉ AU SÈCHE-LINGE ?
C'EST RELOU... JE FAIS MON POIL D'HIVER...
T'ES SÛR QUE TA MÈRE A PAS FRICOTÉ AVEC UN MOUTON ?
C'EST BON ! J'AI PERSONNE POUR ME BROSSER, MOI !
ÇA TE DIT PAS DE VENIR FAIRE LES POUSSIÈRES CHEZ MOI ?
HA HA !
JE ME CASSE ! VOUS ÊTES TROP CONS !
T'ES BIEN SAGE ! TU AIMES QUAND JE TE BROSSE ?
OUAIS ! MAIS VA PAS T'IMAGINER DES TRUCS, C'EST JUSTE PAR SOUCI D'ESTHÉTISME !

ALLEZ, OUSTE ! JE TE DIS QU'IL N'Y A RIEN POUR TOI DEDANS !
ÇA PUE LE MENSONGE DE BIPÈDE, TON TRUC !
LE MIEUX C'EST ENCORE DE VÉRIFIER MOI-MÊME !
GRATT' GRATT'
BON, T'AVAIS RAISON... MAINTENANT RAMASSE ! ON DIRAIT UNE DÉCHARGE TON TROTTOIR...

ET DONC, T'ES OBLIGÉ DE DORMIR SUR MON BOUQUIN ?!
J'AIME PAS QUAND TU T'INSTRUIS... SI ON VEUT DOMINER LE MONDE UN JOUR, VOUS DEVEZ RESTER LES PARFAITS PETITS CLOPORTES INCULTES QUE VOUS ÊTES...

ÇA VIENT ? J'AI PAS QUE ÇA À FOUTRE !
UNE MINUTE ! GNNN... SALOPERIE DE SACHET !
CRACK ! GLUPS !
RAAAH ! J'EN AI EU DANS LA BOUCHE !
J'EN AI EU DANS LA BOUCHE !
ILS NOUS REFOURGUENT DES SACHETS EMPOISONNÉS JE TE DIS ! MOI, DORÉNAVANT, JE ME SERS AU GREC DU COIN ET BASTA !

SOLDES
Derniers jours !
-70%
C'EST QUOI DES SOLDES ?
EN GROS LES HUMAINS ACHÈTENT DES MERDES DONT ILS N'ONT PAS VOULU TOUTE L'ANNÉE MAIS À BAS PRIX...
ET L'ANNÉE SUIVANTE ILS REVENDENT CES MÊMES MERDES DANS DES BROCANTES...
JE CROIS QUE JE PRÉFÉRERAIS ENCORE ÊTRE UN CLÉBARD PLUTÔT QUE CÉDER À CES SOLDES !
C'EST POUR QUI LES CROQUETTES SOLDÉES À 1 + 1 GRATUITE ?!
WAF !
WAF !

FOUTU RHUME ! CE FROID GLACIAL N'ARRANGE RIEN !
PASSIONNANT LA DISCUSSION MÉTÉO...
ET CE CHAT DANS LA GORGE QUE J'AI DEPUIS DEUX JOURS...
REUH !
REUH !
ÉVIDEMMENT QUE J'EN SUIS SÛR ! JE L'AI ENTENDU DE MES PROPRES OREILLES ! IL FAUT TROUVER QUI EST CE CHAT...
... ET COMMENT IL EST DESCENDU EN RAPPEL DANS LA GORGE D'UN HUMAIN ! IL A ACCÈS À TOUS LES ORGANES VITAUX !
SÛREMENT UN CHALPINISTE !

OUI, ÇA FAIT UNE HEURE QUE MOUSTIQUE EST SUPER SAGE !
JE L'AI MIS DEVANT LA TÉLÉVISION, IL A L'AIR SUBJUGUÉ !
NON, JE NE SAIS PAS CE QU'IL REGARDE, ET JE M'EN FICHE UN PEU, DU MOMENT QU'IL ME LAISSE TRANQUILLE !
… SOUDAIN, L'AORTE SE ROMPT ET C'EST LA MORT ASSURÉE…
SI J'AVAIS DES MAINS, JE PRENDRAIS DES NOTES !

EH OUI, MOUSTIQUE ! LA FAMILLE S'AGRANDIT ! JE TE PRÉSENTE GRISBI, SOIS GENTIL AVEC ELLE !
DEUX CHATS DANS LA MÊME MAISON ? CE TYPE EST CINGLÉ, HAHAHA !
À DEUX ON VA POUVOIR LE METTRE À GENOUX ! MONTRE-MOI CE QUE TU SAIS FAIRE, J'AI BESOIN DE CONNAÎTRE TON POTENTIEL DE HAINE ET DE DESTRUCTION !
T'ES MON GRAND FRÈRE ? JE T'AIME ! JE T'AIME TRÈS FORT ! ET J'AIME MON MAÎTRE, J'AIME TOUT LE MONDE, JE SUIS HEUREUSE !
ON EST DANS LA MERDE...

Rejoins Putain de Chat sur Facebook !

facebook.com/putaindechatlapuss

Suis Lapuss' sur les réseaux sociaux !

@lapussofficiel

facebook.com/lapussfactory

@StephaneLapuss